L'INDE FRANÇAISE

EN 1880

PAR

Eugène GIBERT

Secrétaire de la Société Académique Indo-Chinoise

PARIS

CHALLAMEL AINÉ, ÉDITEUR

5, RUE JACOB

1881

L'INDE FRANÇAISE

EN 1880

PAR

Eugène GIBERT

Secrétaire de la Société Académique Indo-Chinoise

PARIS

CHALLAMEL AÎNÉ, ÉDITEUR

5, RUE JACOB

1881

L'INDE FRANÇAISE EN 1880

par Eugène GIBERT

SECRÉTAIRE DE LA SOCIÉTÉ ACADÉMIQUE INDO-CHINOISE,

*Communication faite à la Société Académique Indo-Chinoise
dans la séance du 30 novembre 1880.*

La Société, dans son programme, comprend, avec l'étude de l'Inde transgangéti-que et de la Malaisie, l'étude de l'Inde française. Jusqu'à présent nous n'avons entendu que de trop rares communications sur cet intéressant sujet ; nous nous rappelons tous l'attachante conférence de notre collègue M. Ravel sur *la Constitution de la Famille Hindoue*.

En attendant les autres conférences de M. Ravel et l'étude géographique que nous a promise notre collègue le baron de Ravisi, j'ai espéré pouvoir vous intéresser en résumant les utiles renseignements que j'ai trouvés dans un volume présenté à notre dernière séance : *Annuaire des établissements français dans l'Inde* pour 1880. La première expédition française dans les mers de l'Inde date de 1603 ; elle avait été organisée par le commerce rouennais, désireux de se frayer de nouveaux débouchés. L'initiative de nos compatriotes n'eût malheureusement que peu de succès et plusieurs autres expéditions échouèrent successivement.

Le cardinal de Richelieu, dont le vaste génie embrassait tout ce qui pouvait contribuer à la grandeur de la France, créa *la Compagnie des Indes orientales*, à laquelle Colbert accorda le monopole du commerce de l'Inde pendant 50 ans.

La Compagnie tenta successivement de s'établir à Madagascar, à Surate, dans la baie de Trinquemalé qu'elle enleva aux Hollandais pour la perdre bientôt, et à St-Thomé (1762) où elle ne put se maintenir. Mais toutes ces tentatives furent inutiles et la Compagnie allait se dissoudre lorsque l'un de ses agents, aussi habile qu'audacieux, François Martin, eut l'idée d'occuper Pondichéry ; il acheta cette ville au radjah (1674), la fortifia et en fit une colonie florissante. Après 20 ans de prospérité, Pondichéry fut prise par les Hollandais (1683) ; restituée à la France en vertu du traité de Ryswick (1697), elle devint le chef-lieu de nos possessions dans l'Inde et François Martin en fut nommé gouverneur général.

Notre pavillon, qui depuis 1688 flottait à Chandernagor, cédé par le Grand Mogol, fut successivement implanté à Mahé (1726), Karikal (1739), Yanaon et Mazulipatam (1750).

Le contre-coup de la guerre de succession d'Autriche (1741) se fit sentir dans les mers de l'Inde ; nos ports furent bloqués, et c'en était fait de notre influence dans ces parages lorsque La Bourdonnaye, avec une flottille de 9 bâtiments équipés à ses frais, dispersa l'escadre anglaise et s'empara de Madras. Les Anglais, usant de représailles, se présentèrent devant Pondichéry avec des forces imposantes, mais Dupleix, par son courage et son intrépidité, les rendit impuissants et les força à la retraite, après une défense de 42 jours de tranchée ouverte.

La paix d'Aix-la-Chapelle (1748) permet à Duploix de réaliser ses vastes projets : il entreprend de fonder la prospérité commerciale de la Compagnie des Indes sur la puissance territoriale. Il se mêle habilement aux dissensions des princes indigènes, fait payer son intervention par des agrandissements de territoire et finit par donner un empire à la France.

Le Grand Mogol lui abandonna Carnate ; le Décan et Arcate se mirent sous son protectorat et lui payèrent un énorme tribut. Il étendit considérablement les territoires de Pondichéry, de Karikal et de Mazulipatam. Les provinces de Montfanagar, d'Ellour, de Rajamandri et de Chicakal, ainsi que l'île de Seringam, devinrent françaises. Nous avions 200 lieues de côtes dans l'Inde, et nos possessions de l'Hindoustan nous donnaient un revenu annuel de 20 millions. Notre grandeur dans l'Inde ne fut, hélas, qu'éphémère, et Dupleix, rappelé à Versailles, fut sacrifié à ses ennemis. Les Anglais, profitant des embarras que nous donnait la guerre de sept ans (1756-1763), envahirent nos établissements, abandonnés par la métropole, battirent à Wandabachi les faibles contingents français restés dans l'Inde prirent Arcate et occupèrent Pondichéry. Ils rencontrèrent cependant une héroïque résistance dans le nouveau gouverneur Lally-Tollendal.

« Toute ma politique, disait-il, est dans ces cinq mots : Plus d'Anglais dans la Péninsule. » Mais, laissé sans secours et obligé de lutter avec 700 hommes, presque tous Hindous, contre 40,000, il fut forcé de se rendre. L'honneur était sauf, mais c'en était fait de notre influence. Le traité de Paris (1763) nous remettait, il est vrai, en possession de Pondichéry et de nos autres comptoirs, mais avec des réductions territoriales considérables.

En 1769, après l'abolition du privilége de la Compagnie des Indes, le commerce, devenu libre, reprit quelques espérances ; Pondichéry se relevait, mais elle retomba en 1778 au pouvoir des Anglais. Une flotte partit de Brest en 1782, sous les ordres du bailli de Suffren si redouté des Anglais dans l'Inde, où il fut le conservateur des possessions hollandaises. Son activité, son courage, ses talents, étaient appréciés par les étrangers comme par ses concitoyens. Haïder-Ali, prince indien, allié de la France, qui venait de se faire couronner sultan de Mysore, lui disait un jour : « Jusqu'à présent, je m'étais cru un grand homme ; mais depuis que tu as paru sur cette côte, j'avoue qu'il y a des hommes plus grands que moi. » Suffren, battit quatre fois les Anglais et conquit le fort de Trinquemalé. A son retour en France le Bailli reçut l'accueil le plus flatteur et ses rivaux eux-mêmes rendirent hommage à sa supériorité.

Le traité de Versailles (1783) nous rendit Pondichéry et nos autres établissements, que nous fûmes malheureusement contraints d'évacuer en avril 1793. La paix d'Amiens (1802) nous rétablit, il est vrai, dans nos possessions, mais elle fut de si courte durée que, le 11 septembre 1803, Pondichéry passa, pour la quatrième et dernière fois, sous la domination britannique.

Pondichéry et nos autres établissements, réduits dans leurs limites, nous furent rendus par le traité signé à Paris le 20 mai 1814 et par la convention du 7 mai 1815. L'expédition partie de France pour aller reprendre possession des établissements français de l'Inde arriva à Pondichéry le 16 septembre 1816, mais la remise n'en fut faite par l'administration anglaise que le 4 décembre 1816 pour Pondichéry et Chandernagor, le 14 janvier 1817 pour Karikal, le 22 février 1817 pour Mahé, et le 12 avril 1817 pour Yanaon.

Une convention conclue le 7 mars 1817, avec le gouvernement anglais, a établi plusieurs stipulations importantes : 1º Le gouvernement français a renoncé au droit, que lui accordait une convention du 30 août 1787, de réclamer de la Compagnie des Indes anglaises 300 caisses d'opium au prix de fabrication ; nous n'avons plus droit d'avoir les 300 caisses qu'au prix moyen des ventes à Calcutta ; 2° le gouvernement anglais a obtenu le droit d'acheter, à un prix déterminé, le sel fabriqué dans nos établissements et excédant les besoins de leur consommation ; 3° en compensation du préjudice résultant pour nos établissements de ces deux stipulations, le gouvernement anglais s'est engagé à payer au gouvernement français une rente annuelle de 4 lacks de roupies sicca (1 million de francs). Par un second traité du 13 mai 1818, qui ne devait d'abord avoir que quinze ans de durée, mais qui depuis a été prorogé indéfiniment, d'un commun accord, le gouvernement anglais, dans le but de rendre plus complet le monopole de la Compagnie des Indes, a racheté le droit que nous avions de fabriquer le sel dans nos établissements, moyennant une indemnité annuelle de 33.600 fr.

Jusqu'en 1872, nos établissements de l'Inde furent régis par l'ordonnance de 1840. On a tenté en 1848 la création d'un conseil d'arrondissement dans chacun de nos établissements secondaires et celle d'un conseil général au chef-lieu : les tentatives n'eurent pas de résultats sérieux et ces institutions tombèrent sans avoir rendu de grands services.

Au mois de février 1871, les habitants de l'Inde furent appelés à envoyer un député à l'Assemblée nationale et plus tard, en 1875, à élire un sénateur.

Un décret du 25 janvier 1879 a modifié la constitution de l'Inde française dans le sens de l'assimilation avec la métropole et institué :

1° Des conseils locaux qui se composent de 12 membres élus, moitié par les Européens et descendants d'Européens et moitié par les indigènes. Le Président du conseil est nommé pour chaque session par le gouverneur, qui doit le choisir parmi les membres du conseil ;

2° Un conseil général, composé de 25 membres élus dans les mêmes conditions que les conseils locaux, mais sur des listes distinctes par établissement ; il est ainsi réparti :

Pondichéry	12	représentants
Karikal	6	—
Chandernagor	3	—
Mahé	2	—
Yanaon	2	—

Un décret du 24 juin 1879 a institué une direction de l'Intérieur.

Le Directeur de l'Intérieur remplace provisoirement le gouverneur, en cas de mort, d'absence ou d'empêchement.

Il est chargé de l'administration intérieure de la colonie, de la police générale, de l'administration des contributions directes et indirectes et des finances coloniales, de l'ordonnancement des dépenses du service local et de la comptabilité des recettes et des dépenses du même service.

En cas d'absence ou d'empêchement, le directeur de l'Intérieur est remplacé, lorsqu'il n'y a pas été pourvu d'avance par le chef de l'Etat, par le secrétaire général.

Un autre décret, également du 24 juin 1879, a créé un conseil privé, constitué sur les mêmes bases que dans nos grandes colonies.

Un décret du 2 mars a mis fin au régime exceptionnel auquel la presse locale se trouvait soumise, en rendant applicables à la colonie de l'Inde, les dispositions du décret du 16 février précédent, portant promulgation aux Antilles et à la Réunion de la législation métropolitaine sur la matière.

Tout récemment, un décret du 12 mars 1880 a organisé le régime municipal dans l'Inde en créant dix communes de plein exercice, savoir : Pondichéry, Oulgaret, Villenour, Bahour, Karikal, la Grande-Aldée, Nédouncadou, Chandernagor, Mahé et Yanaon.

Enfin un décret du 29 avril 1880 a essayé de faire faire à la population native un nouveau pas dans la voie de l'assimilation, en lui rendant applicables, sous certaines réserves nécessitées par les usages, les dispositions du code civil relatives aux actes de l'état civil et au mariage.

L'assimilation, messieurs, est-elle possible !... C'est là une grosse question que le temps seul pourra résoudre : selon nous, l'indigène n'est pas assimilable, et le meilleur gouvernement pour lui sera celui qui lui laissera ses dieux, ses castes et ses anciennes coutumes ; nous pensons que notre administration n'obtiendra que de très-minces résultats, et cela est si vrai que le dernier numéro du *Moniteur officiel des Etablissements français dans l'Inde* annonce pompeusement que le premier mariage civil entre indigènes a été enfin célébré à Pondichéry. Beaucoup d'Hindous sont employés français ; ils se marient fréquemment, puisqu'ils prennent plusieurs femmes, et en six mois nous en voyons un seul qui ait profité des bienfaits de notre gouvernement en contractant mariage devant l'officier de l'état civil. Voilà donc le résultat qu'on obtient.

Population. — La population de l'Inde française se compose :

1° Des *Européens* ;

2° Des descendants d'Européens ou créoles ;

3° Des *métis* ou *Topas* dits gens à chapeaux, provenant du croisement des Européens et principalement des Portugais dont ils parlent la langue et portent les noms, avec les femmes indigènes ;

4° Des Indous ;

5° Des Musulmans, descendants des conquérants.

Les Européens constituent une population flottante de fonctionnaires se renouvelant continuellement ; les négociants et industriels fixés depuis longtemps dans le pays sont bien peu nombreux.

Les créoles ne sont pas tous nés dans l'Inde ; plusieurs viennent de nos colonies de l'océan Indien ou des autres parties de l'Hindoustan.

Ces deux classes forment la population blanche ; ses mesquines jalousies ne doivent donner aux indigènes qu'une bien triste opinion des Européens.

Pondichéry, qui, « à l'époque de nos orgies révolutionnaires, ce sont les paroles du comte de Warren dans son ouvrage *L'Inde anglaise en 1843-44*, était peuplée de l'élite de la Société française fuyant devant les échafauds, avait gardé jusqu'en 1830, avec quelques restes de vieille noblesse, ce ton charmant, cette fleur de courtoisie, ces manières élégantes et chevaleresques dont nos pères se souviennent encore; il ne faudrait pas les y chercher aujourd'hui, mais on y trouverait toujours la simplicité, la bonhomie créole et la grâce française. » Le comte de Warren écrivait ces lignes il y a trente-six ans ; pendant ce long espace de temps, la vieille tradition française n'a fait que s'effacer de plus en plus.

Les mixtes, selon leur situation et leurs goûts, adoptent la vie de l'Indien ou celle de l'Européen ; leur tempérament, qui se rapproche de celui des indigènes, les rend absolument propres à l'habitat du pays; leurs défauts sont la paresse, l'orgueil et l'ivrognerie.

Tel de ces malheureux qui meurt de faim, dit le Dr *Huillet*, ne voudrait pas traverser la rue un paquet sous le bras; une pauvre couturière, gagnant à peine un *fanon* ou 30 centimes par jour, paie une *couttie* ou petite fille indienne qui porte son ouvrage.

Tous ces ménages gênés ont des domestiques pour les servir, mais leur cruel ennemi est le *calou* : avec ce suc fermenté du palmier et du cocotier, ils peuvent, au prix minime de quelques *caches*, s'enivrer à leur aise, et, comme ils mangent peu, ils gagnent toujours assez pour assouvir leur passion alcoolique. Beaucoup d'entre eux ont le *delirium tremens*.

Les Indous. — M. Godineau nous en a donné un excellent portrait : « La taille, le teint, la physionomie des Indous, dit-il, sont très variés. Généralement petits, faibles et assez bien faits, leur teint varie du noir au brun foncé. La nuance de leur teint est beaucoup plus claire que celle des Brahmes, quelques-uns sont presque blancs. L'Indou a la figure ovale, le front haut, les yeux et les cheveux noirs, les sourcils arqués, le nez grand et droit, les lèvres moyennes, les dents placées verticalement, la poitrine assez large, la taille fine, les jambes grêles, le pied plat, les orteils courts et souples, et la peau presque blanche à la paume de la main et à la plante des pieds. En considérant attentivement cette classe d'hommes, tant sous le rapport de l'organisation physique que sous celui de l'intelligence, on comprend qu'elle ait été rangée par certains auteurs dans la race caucasienne, car elle n'en diffère, en réalité, que par la couleur de la peau. Au moral, l'Indien présente un mélange de courage et de lâcheté, de force et de faiblesse qui étonne l'observateur. »

Ajoutons à cette esquisse ces lignes de M. Huillet : « Les femmes indiennes, généralement petites, minces, ont des traits réguliers, de beaux yeux, une abondante chevelure noire, mais d'affreuses dents gâtées par le bétel et la chaux, comme celles des hommes. »

Voici un portrait des musulmans que nous fournit également M. Godineau : « Teinte plus ou moins foncée de la peau, traits du visage rappelant la race arabe, barbe noire et bien fournie, taille haute, constitution robuste, parfois herculéenne, aptitude au labeur physique et surtout à la vie maritime. La supériorité intellectuelle appartient sans doute à l'Indou, de même que la force physique est le partage du musulman. On dirait, du reste, qu'une barrière infranchissable sépare ces deux classes d'hommes. »

Plus réfractaire que l'Indou aux innovations, le musulman est resté immuable dans sa foi.

Au 1er janvier 1880, la population totale des établissements français dans l'Inde s'élevait à 276,259 individus, ainsi répartis entre chacun de ces établissements :

Pondichéry : population européenne et créole, 2,028 individus : 318 garçons et 389 filles au-dessous de 14 ans, 616 hommes et 705 femmes ; population native, 148,011 individus : 30,263 garçons et 27,970 filles au-dessous de 14 ans, 45,690 hommes et 44,088 femmes ;

Chandernagor : population européenne et créole, 295 individus : 97 garçons et 46 filles au-dessous de 14 ans, 88 hommes et 64 femmes ; population native, 21,524 individus : 5,571 garçons et 3,240 filles au-dessous de 14 ans, 8,836 hommes et 3,877 femmes ;

Karikal: population européenne et créole, 220 individus : 33 garçons et 35 filles au-dessous de 14 ans, 82 hommes et 70 femmes ; population native, 92,379 individus : 10,802 garçons et 10,833 filles au-dessous de 14 ans, 34,921 hommes et 35,823 femmes ;

Mahé: population européenne et créole, 150 individus : 37 garçons et 33 filles au-dessous de 14 ans, 40 hommes et 40 femmes ; population native, 7,142 individus : 1,145 garçons et 1,286 filles au-dessous de 14 ans, 2,308 hommes et 2,403 femmes ;

Yanaon: population européenne et créole, 60 individus : 4 garçons et 15 filles au-dessous de 14 ans, 11 hommes et 30 femmes ; population native, 4,460 individus : 831 garçons et 657 filles au-dessous de 14 ans, 1,393 hommes et 1,579 femmes.

La récapitulation nous donne 150,039 individus pour Pondichéry, 21,819 pour Chandernagor, 92,599 pour Karikal, 7,292 pour Mahé, 4,520 pour Yanaon, ce qui fait bien le total de 276,259 individus.

La statistique de la population de nos établissements dans l'Inde, par catégorie de religion, nous donne les résultats suivants :

Pondichéry: 19,043 chrétiens ; 128,562 hindous et 2,434 musulmans : Chandernagor: 319 chrétiens, 17,469 hindous et 4,031 musulmans ; — Karikal : 13,801 chrétiens, 63,973 hindous et 14,825 musulmans ; — Mahé : 340 chrétiens, 5,315 hindous, 1,617 musulmans ; — Yanaon: 88 chrétiens, 4,259 hindous et 173 musulmans.

Le mouvement de la population dans les cinq établissements, pour l'année 1878, a été le suivant :

Naissances.. 7,968
Décès.. 7,918
Mariages............. 2,910

Dans ces chiffres la population blanche entre pour 88 naissances, 83 décès et 12 mariages.

Pondichéry avec ses districts, donne, pour la population blanche et créole, 60 naissances, 150 décès, 11 mariages ; pour la population native, 4,829 naissances, 4,725 décès, 1,834 mariages ;

Chandernagor, pour la population européenne et mixte, 9 naissances, 14 décès, 1 mariage ; pour la population native, 573 naissances, 840 décès, 267 mariages ;

Karikal, pour la population blanche et mixte, 4 naissances, 6 décès ; pour la population native, 2,210 naissances, 1,936 décès, 692 mariages ;

Mahé, pour la population blanche et mixte, 9 naissances, 7 décès ; pour la population native, 167 naissances, 158 décès, 74 mariages ;

Yanaon, pour la population blanche et mixte, 6 naissances, 6 décès ; pour la population native, 101 naissances, 176 décès, 38 mariages.

Les naissances l'emportent donc sur les décès, la population est en voie d'accroissement : c'est d'un heureux augure pour l'avenir de nos établissements.

Cette statistique nous montre que, contrairement à ce qui se passe en Europe, le nombre des hommes l'emporte sur celui des femmes dans les populations blanches et indigènes. Cette supériorité numérique s'explique, dit M. Huillet, par le chiffre plus élevé des naissances masculines et la difficulté très grande qu'ont les Européennes à s'acclimater. Celles-ci ne peuvent passer dans l'Inde qu'un temps très limité.

Les Européens se font mieux au climat et résistent plus longtemps, parce qu'ils déploient plus d'activité et prennent plus d'exercice. Pour la population indienne, l'infériorité numérique des Indiennes provient du chiffre moins élevé des naissances féminines et de la précocité des mariages : de là une grande mortalité occasionnée par les avortements provoqués par les sages-femmes du pays.

Chez les mixtes, c'est le contraire : la débilité des parents n'engendre guère que des filles, mais les mixtes sont peu nombreux. Il faut donc nous inscrire en faux contre cette opinion de l'abbé Dubois, émise dans son ouvrage : *Mœurs, Institutions et Cérémonies des peuples de l'Inde* : « Je suis donc décidément d'avis que, dans les pays chauds ainsi que dans les pays tempérés, les naissances des deux sexes sont dans une proportion approximativement égale. »

Langage. — La langue française n'est guère parlée, concurremment avec l'anglais, que par la population européenne ; les Hindous ont conservé leur antique langage : le tamoul, qui, croit-on, a précédé le sanscrit ; le bengali, parlé principalement à Chandernagor ; l'hindoustani, que nous connaissons en France par les belles publications de notre regretté et éminent collègue M. Garcin de Tassy ; le telinga, parlé à Yanaon, et le malais, qu'on retrouve partout en Orient où le commerce est florissant.

Ces différentes langues sont d'un usage tellement constant qu'elles s'imposent en quelque sorte à l'administration française, qui a dû consentir à employer dans tous les actes officiels un certain nombre de leurs mots. Parmi les termes les plus usités, nous trouvons 156 mots tamoul, 37 hindoustani, 25 bengali, 20 telinga, 12 malais et 3 seulement de sanscrit. Le sanscrit, langue morte, n'est étudié que par les brahmes et nous ne le citons que pour mémoire. Son importance vient de ce qu'il est l'antique langage religieux de l'Inde et que la religion de la majorité de nos sujets indigènes est restée le brahmanisme.

Le christianisme n'a fait que peu de prosélytes parmi les Indous ; cependant nos missionnaires et nos religieux ont rendu les plus grands services à l'éducation des indigènes

Topographie. — Les établissements français de l'Inde se composent aujourd'hui de fractions de territoire isolées les unes des autres, dont la superficie totale est de 49,622 hectares.

Ce sont : 1° Sur la côte de Coromandel : Pondichéry (son territoire comprenant trois districts : Pondichéry, Villenour, Bahour, et contenant 93 *aldées* ou villages et 141 villages secondaires);

2° Sur la même côte, Karikal et les 5 districts en dépendant;

3° Au Bengale, Chandernagor et sa banlieue; plus les loges de Balassore, Nacca, Cassinbazar, Yaugdla et Patna (la loge est tout simplement une maison avec un mât de pavillon);

4° Sur la côte d'Orixa, Yanaon, son territoire et les aldées qui en dépendent, et la loge de Mazulipatam;

5° Sur la côte de Malabar, Mahé et son territoire et la loge de Calicut;

6° Dans le Goudjérate, la factorerie de Surate.

Pondichéry. — La ville de Pondichéry, chef-lieu de nos établissements, est située sur la côte de Coromandel, dans le Carnatic, à 143 Kil. sud-ouest de Madras, par 11°55′ de latitude nord et 77°31′ de longitude est. Elle est divisée en deux parties : la ville blanche et la ville noire.

La ville blanche se compose de constructions semi-orientales entourées de jardins; elle se distingue par une grande propreté et surtout par sa séparation complète de la ville noire, disposition exceptionnelle dans l'Inde et qui fait sa beauté et sa salubrité.

Sa superficie est de 613,862 mètres. Elle est baignée à l'est par la mer, qui menace d'envahir ses quais, et sa promenade du cours Chabrol, qu'ombragent de beaux filaos; au nord et au sud, elle est bornée par de grands boulevards plantés de porchers, et à l'ouest par un grand canal de 1,800 mètres de longueur sur 10 mètres de largeur.

La plupart des maisons de la ville blanche, bâties en briques, n'ont qu'un rez-de-chaussée; beaucoup d'entre elles sont entourées et surmontées d'une terrasse appelée *arganasse*, formée d'une épaisse couche de mortier, reposant sur des briques placées de champ sur des poutres de palmier. Les plafonds sont le plus souvent simulés par une toile peinte; les murailles sont stuquées et le sol est carrelé.

La ville noire, d'une étendue de 1,509,818 m. c. en forme de demi-cercle, est bordée à l'est par un canal, et au sud, à l'ouest et au nord par de vastes boulevards qui se relient à ceux de la ville blanche. Ses maisons sont presque toutes en terre; il y en a cependant en briques, bâties à l'européenne, avec un seul étage, mais c'est l'exception; la plupart n'ont qu'un rez-de-chaussée, sont petites, écrasées et précédées d'une verandah abritant le poyal, terrasse donnant sur la rue, où les indigènes viennent se reposer le soir et où se tiennent chaque mois leurs femmes pendant un certain laps de temps, alors qu'elles sont regardées comme impures. Intérieurement, la maison, comme toutes les constructions orientales, se compose d'une petite cour sur laquelle s'ouvrent les chambres. Les maisons en terre, appelées paillotes, se composent de murailles en terre glaise rouge ou noire du nom de Cali-Mayou; elles sont couvertes en paille de riz ou en feuilles de palmiers en éventail, reposant sur des bambous; le plancher est remplacé par de la terre battue.

Les principaux édifices publics sont : l'hôtel du gouvernement, l'église paroissiale, l'église des missions étrangères, deux temples brahmaniques, le grand bazar, la tour de l'horloge et celle du phare, une caserne, un hopital, l'hôtel de ville, la cour d'appel et le collège Calvé-Souprayachetty. La ville ne possède qu'une rade foraine qui est la meilleure de toute la côte. La communication avec la terre, assez difficile, se fait par des bateaux à fond plat, sans membrures, appelés chelingues; il y existe un pont débarcadère de 192 m. de longueur, qui sera prochainement allongé de 60 m. afin de permettre aux bâtiments de tous tonnages d'y venir accoster. Ce pont est relié à la gare du chemin de fer par un

tramway. Une ligne ferrée, ouverte depuis un an, met Pondichéry en communication avec toute l'Inde anglaise.

Le sol du territoire, composé en partie de terres argileuses mêlées de sable et en partie de terres sablonneuses légères, ne devient productif qu'au moyen de constantes irrigations. Il est arrosé par huit cours d'eau, dont les plus importants sont les rivières de Guigy et de Ponéar ; elles ne sont navigables pour les petits bateaux à fond plat que pendant quatre mois de l'année, sur un parcours de 25 k. à partir de l'embouchure. Il existe en outre 9 grands canaux de dérivation, 5 barrages, 59 étangs, 202 sources et 52 réservoirs qui facilitent l'irrigation et donnent à cette terre sablonneuse la fertilité tant vantée des rives du Nil.

KARIKAL est située sur la côte de Coromandel, dans le Tanjour, par 10°55' de latitude nord et 77°24' de longitude est, à 26 lieues au sud de Pondichéry, sur l'Arselar, une des branches du Cavéry. Les bancs de sable qui obstruent son embouchure ne permettent qu'aux navires d'un petit tonnage, et encore pendant la saison des pluies, de venir prendre charge à Karikal. Le territoire se divise en 3 communes : Karikal, la Grande-Aldée, Nedouncadou, ayant ensemble une superficie de 13,515 hectares. Six petites rivières, qui sont autant de bras du Cavéry, fertilisent le sol par le limon que déposent leurs débordements périodiques ; les terres, très productives, sont arrosées en outre par 6 grands canaux et leurs ramifications.

CHANDERNAGOR, située dans le Bengale par 22°51' de latitude nord et 86°09' de longitude est, à 7 lieues au-dessous de Calcutta, est reliée à cette ville par un chemin de fer. Bâtie sur la rive droite de l'Hougly, l'un des bras du Gange, la ville s'élève au fond d'une belle anse formée par le fleuve ; ses rues sont larges, bien alignées ; ses maisons bien construites laissent supposer, au premier aspect, un degré de splendeur tout autre que celui dans lequel se trouve notre établissement.

La superficie totale du territoire est de 940 hectares seulement.

YANAON. Le comptoir de Yanaon est situé dans la province de Golconde, par 16°43, de latitude nord et 82°05' de longitude est à 140 lieues nord-est de Pondichéry. Placé au point où le Gadavéry se partage et forme la rivière de Coringuy, il possède un territoire de 1429 hectares qui s'étend entre le fleuve et la rivière sur une longueur de deux lieues et demie ; le sol est très fertile.

Nous ne possédons dans la ville de Mazulipatam, dont les Anglais ont pris possession en 1769, qu'une loge avec le droit d'y faire flotter notre pavillon, une aldée située à 3 kil. de la ville et deux terrains habités par quelques centaines d'Indiens. Par une convention conclue avec l'Angleterre le 31 mars 1853, nous lui avons abandonné le droit de vente et de fabrication des spiritueux moyennant une redevance annuelle de 8,500 fr.

MAHÉ. Le comptoir de Mahé est situé sur la côte de Malabar, à 104 lieues à l'ouest de Pondichéry, sur la rive gauche d'une petite rivière qui porte son nom ; des rochers, qu'on peut passer à marée haute, en barrent l'entrée ; mais, cet obstacle franchi, l'eau devient profonde.

A treize lieues sud-sud-est sur la côte, se trouve la loge de Calicut qui a pour hôte unique le concierge chargé de garder le pavilllon.

La factorerie de Surate est située dans la ville indo-anglaise de ce nom. Un agent français y avait été établi en 1819 ; à sa mort il ne fut pas remplacé, et l'établissement est occupé seulement par un gardien.

Climatologie. — Nous ne connaissons que fort peu notre colonie de l'Inde, parce que, comme vous le disait, il y a quelques mois, notre collègue M. Zahner, on s'exagère beaucoup en France les difficultés et les dépenses d'un voyage dans l'extrême Orient. Il suffit cependant de 25 jours pour se rendre à Pondichéry, et la compagnie des Messageries maritimes accorde une réduction de 20 0/0 aux passagers qui reviennent au port d'embarquement dans les six mois de leur départ. Un voyage dans les mers de l'Inde n'est donc guère plus difficile que l'était il y a cent ans un voyage à Naples, par exemple.

Sans être dangereux pour l'Européen, le climat de Pondichéry lui commande cependant la rigoureuse et constante observation de règles hygiéniques, pour résister à une température torride, à une humidité dissolvante et aux miasmes délétères des fièvres paludéennes, de la fièvre jaune et du choléra.

Comme l'a dit M. Celle dans son *Hygiène pratique des pays chauds*, l'Européen doit subir une transformation organique qui lui permette de s'indigéniser, de se créoliser, selon l'expression du Dr Huillet dans son excellent ouvrage *Hygiène des blancs, des mixtes et des Indiens*, ouvrage auquel nous faisons plus d'un emprunt.

Echapper aux maladies qu'entraîne cette naturalisation, tels sont les résultats que donne la pratique de l'hygiène.

La pathologie spéciale de Pondichéry a été savamment explorée, par son ancien médecin en chef, le Dr Collas. Nous renvoyons à ses articles parus dans la *Revue coloniale* de 1852 : *Dégénération endémique des os du pied* ; *Maladies des pays chauds* ; *De la nature et du traitement du rajah ou anthrax*.

Le livre du Dr Huillet est un véritable manuel d'hygiène, indispensable à tout Européen dans l'Inde. Nous recommandons également la lecture de l'ouvrage du Dr Godineau ; *Etudes sur la topographie, le climat, la population, la mortalité et l'hygiène de l'établissement de Karikal.*

Le voyage dans les mers de l'Inde fait par ordre du roi, à l'occasion du passage de Vénus et publié en 1779, a donné les premières observations faites par Le Gentil sur la climatologie de Pondichéry ; commencées en 1768, elles se terminèrent en décembre 1769, mais elles ne donnèrent que des résultats maxima et minima ; elles permettent de comparer des résultats thermométriques plus que séculaires avec ceux de l'époque actuelle, faites à la pharmacie du gouvernement, dont les moyennes annuelles ont été calculées par MM. Daniel et Roussel et les moyennes générales par M. Jules Lépine. Voir la *Climatologie* de *Pondichéry* dans le Catalogue des objets envoyés par l'Inde française à l'exposition des colonies.

La température moyenne de Pondichéry est de 28°. Pendant les mois de décembre et janvier, le thermomètre marque, le jour, de 25 à 28° centigrades, et, de mai à septembre, mois durant lesquels règne un vent d'ouest très brûlant, la température varie de 31 à 41°.

La saison sèche dure depuis le commencement de janvier jusque vers le 15 octobre ; le reste du temps appartient à l'hivernage.

On ne connaît pas à Pondichéry ces grands et brusques écarts de température, qui existent par exemple au Sénégal. Les oscillations thermométriques sont renfermées dans des limites assez étroites.

En consultant le *Traité des maladies des Européens dans les pays chauds* de M. Dutrouleau, on voit que Pondichéry l'emporte sur toutes nos autres possessions par l'intensité de sa chaleur, et que, par ordre successivement décroissant, viennent la Cochinchine, la Guyane, les Antilles, Mayotte, Taïti, la Réunion, le Sénégal.

Il s'agit ici de la température moyenne, car le Sénégal l'emporte certainement pour les températures extrêmes.

Le baromètre donne à Pondichéry, comme hauteur moyenne, 756 millimètres.

La moyenne de l'humidité est de 79,20 et celle de la tension de la vapeur d'eau est de 23,6. Pondichéry est donc, après le Sénégal, celle de nos colonies où la sécheresse est la plus prononcée.

Pondichéry compte, dans l'année, 72 jours de pluie environ. Celle-ci, presque nulle en février, va en augmentant jusqu'en novembre, pour décroître en décembre et cesser en janvier et février. Les mois les plus pluvieux sont ceux d'octobre et novembre ; celui qui l'est le moins, février, ne donne que quelques gouttes d'eau.

Dans l'océan Indien, la prédominance des terres et les différences constantes de température entre elles et les mers, interrompent la continuité des vents alizés et donnent naissance à des vents réguliers, mais de direction variable, suivant les époques de l'année. Ce sont les moussons, du persan *moussim*, saison. On en distingue deux principales : celle du nord-est, qui commence en octobre et finit en mars ; celle du sud-ouest qui s'étend de mars en octobre.

Cette dernière débute par des brises de sud-sud-est, qui ordinairement acquièrent en avril une grande violence et entraînent avec elles beaucoup de poussière ; on les désigne par le nom de *long-shore*, par abréviation de l'anglais *a long shore*, rasant la terre.

Parallèlement aux moussons du nord-est et du sud-ouest, les saisons se partagent également en deux : la fraîche et la chaude, séparées l'une de l'autre par une petite période qui participe du caractère de chacune d'elles ; ce sont les deux mois de transition, mars et octobre.

La même mousson produit deux saisons bien différentes aux côtes de Coromandel et de Malabar : ainsi, quand règnent à Pondichéry des chaleurs extrêmes, à Mahé on a des pluies torrentielles, et réciproquement ; cet antagonisme tient à la présence des Gâtes qui séparent l'extrémité de l'Inde en deux parties inégales et interrompent le cours des moussons.

La Mousson du sud-ouest est remarquable par l'alternative assez régulière de deux grandes brises, l'une de l'ouest, l'autre du sud-est.

La première forme les vents de terre, qui sont aussi secs que brûlants. Passant sur des champs calcinés, ils donnent la sensation de bouffées de feu et chassent avec eux une poussière fine qui fouette et brûle le visage. Cette poussière brûlante emplit la gorge, les oreilles, le nez ; elle pénètre dans les maisons et se répand partout, jusque dans les armoires ; les meubles craquent et se disjoignent.

Les vents de terre acquièrent, surtout vers le milieu du jour, une violence d'ouragan ; vers le soir ils apportent d'innombrables insectes et des myriades de corps et d'ailes de demoiselles.

Des orages fréquents modèrent la chaleur et la sécheresse de ces vents ; ils n'ont généralement qu'une courte durée, mais suffisent pour causer de véritables inondations. Quelquefois, il est vrai, les mois les plus terribles, juin et juillet, se passent sans une goutte d'eau.

La seconde brise de la mousson du sud-ouest, est celle du sud-est ou du large. Passant au-dessus de la mer, elle se charge d'humidité, mais elle est tout à fait basse et locale ; quelquefois même elle meurt sur le rivage.

Telle est la saison des vents de terre à Pondichéry, la plus pénible que l'on connaisse au monde ; elle dure cinq longs mois, de mai à septembre.

A cette époque commencent des calmes aussi fatigants.

La mousson du nord-est s'annonce par un cyclone qui opère en novembre le renversement de la mousson ; avec elle arrivent des pluies torrentielles qui durent plusieurs jours de suite, avec éclairs, tonnerre, vents violents. A partir du 15 décembre il fait complètement beau.

De décembre à février, on a l'époque la plus agréable ; les matinées et les soirées sont fraîches, la campagne est merveilleuse de végétation tropicale.

Les *long shore* commencent à la fin de mars et se terminent en mai, au moment où se déclarent les vents de terre. Cette brise se fait sentir assez fraîche, du sud au sud-est, pendant le jour, chasse les nuages, cesse au coucher du soleil, pour faire place la nuit à celle de terre, variable du sud-ouest à l'ouest-sud-ouest, mais presque calme.

Le climat et les saisons sont à peu près les mêmes à Karikal qu'à Pondichéry.

A Yanaon, la température varie : de 20 à 26 degrés centigrades de novembre à janvier ;

De 27 à 36 de février à avril ;

De 36 à 42 de mai en juin ;

De 28 à 34 de juillet à octobre.

La saison pluvieuse commence vers le 20 juin et se termine dans les premiers jours de novembre.

A partir de cette époque jusqu'en juin, point de pluie, quelques rares orages seulement en avril et en mai.

Les débordements du Godavéry se manifestent en juillet ; les inondations ont lieu en août et septembre.

La mousson du sud-ouest règne de mars à septembre ; celle du nord-est, d'octobre à février.

Le vent d'ouest règne de mai à juillet, comme à la côte de Coromandel.

Le climat de Chandernagor, en raison du grand nombre de bois et d'étangs qui entourent la ville, est beaucoup plus frais que celui de Calcutta ; la température est en moyenne de 22° d'octobre à mars ; elle tombe à 20° en décembre et janvier ; elle se maintient généralement entre 20 et 25° en octobre ; elle est en moyenne de 34°, avec des écarts jusqu'à 37° pendant les autres mois ; le mois de mai est le plus chaud de l'année.

Les pluies commencent en mars et avril, deviennent continues en juin et durent jusqu'à la mi-octobre ; elles sont torrentielles en août.

Les vents du sud-est soufflent généralement pendant la saison des pluies ; ceux du sud, pendant les chaleurs ; ceux du nord-ouest, au printemps et pendant quelques jours seulement ;

Le vent du nord règne en hiver.

Le climat de Mahé est très sain : la température est plus fraîche et plus régulière que dans nos autres établissements ; elle varie de 22 à 26° en janvier, février et mars, de 25 à 30° d'août en septembre, et de 23 à 27° en octobre, novembre et décembre.

Bien que la saison d'hivernage soit comprise entre le 15 mai et le 15 octobre, la mauvaise saison ne dure que pendant le mois de juin et une partie d'août ; le mois de mai amène des bourrasques qui laissent la mer calme.

Agriculture, alimentation. — Le système territorial de l'Inde est fort compliqué et soumis à des conditions particulières.

D'après le *Mamoul* ou coutume du pays, toutes les terres de la côte de Coromandel sont la propriété du souverain.

Elles sont divisées en cinq classes : *Jaguirs*, terres abandonnées par le souverain en faveur de princes ou chefs tributaires ; *Manioms*, terres affectées à des fonctionnaires ou à des établissements publics ou religieux ; *Strotrions*, terres concédées avec ou sans redevance ; *Adamamoms*, ou terres dont le souverain a aliéné la jouissance à perpétuité, mais non la propriété, moyennant une redevance ; *Prombock*, terrains incultes ou occupés par les routes, étangs, savanes, cours d'eau.

La France a respecté ces principes fondamentaux ; toutefois, en 1824, elle adopta un système de concessions qui fut réglé par une ordonnance du 7 juin 1828.

En 1854 l'État renonce à son droit de propriété sur les *Adamamoms* exploités par les indigènes.

A Karikal, les terres de chaque aldée sont en général propriétés indivises. En résumé, la situation des cultivateurs s'est améliorée sous notre administration.

Les principales cultures sont celle du nelly (riz), de l'indigotier, dont les produits sont employés à la teinture des toiles dites *guinées*; des cocotiers, dont on tire le *caïr* ou fibre du fruit; les noix sèches décortiquées connues sous le nom de *copra, callou,* l'arack et l'huile.

Parmi les cultures secondaires on peut mentionner celle du bétel, du tabac, de la canne à sucre, du coton, et de plusieurs plantes oléagineuses.

Les qualités de coton qui réussissent le mieux sont: le *westom* ou coton de Madras; le *cocanada* rouge et le *cocanada* blanc; l'*aricellour*, ainsi nommé à cause de sa provenance du village de ce nom, et le *coimbatooy*. Ceux de nos collègues qui voudraient de plus amples renseignements sur cette branche de l'agriculture de l'Inde, liront avec fruit la brochure de M. Charles Poulain : *De quelques cotons de l'Inde, essai par un filateur* (in-8, Pondichéry, 1872).

Rappelons ici que l'agriculture de l'Inde doit beaucoup à M. Charles Poulain, qui a doté la colonie de puits antésiens.

On cultive aussi dans nos possessions un grand nombre d'arbres fruitiers : le bananier, le citronnier, l'oranger, le grenadier, le pamplemoussier, le goyavier, le manguier, la vigne.

Les agriculteurs indous élèvent le bœuf à bosse, le buffle, le mouton, le porc, le poulet, la dinde, le canard, l'oie et le pigeon. Les malheureux bœufs, qu'on fait travailler jusqu'au dernier moment, offrent une chair maigre et fibreuse ; la viande du buffle est souvent moins dure, mais elle est rougeâtre et d'un goût peu agréable. Le mouton est bon. Le porc est un aliment dangereux. La volaille est la principale ressource du ménage.

Dans l'Inde française on ne récolte pas de blé; aussi celui qui est consommé à Pondichéry vient-il du Bengale. Le riz est la base de l'agriculture des indigènes et des créoles ; les autres fécules, fruits féculents et légumes farineux sont fort nombreux.

Le lait de vache est un peu clair ; les œufs s'altèrent vite ; le beurre est mal préparé ; les huiles sont des huiles d'arachide et de sésame ; les fruits sont généralement mauvais ; les limons sont d'un grand secours, les oranges sont de médiocre qualité, le tamarin est excellent, la grenade est aigre, la goyave est indigeste. Le meilleur des fruits acides est le *corassol*. L'ananas est dangereux ; on en tire un vin très indigeste, mais moins mauvais cependant que le vin de raisin provenant des quelques treilles de la ville blanche.

Les fruits sucrés sont la pomme-cannelle, la banane, emblème de l'abondance et de la fécondité chez les Indous et accompagnement de leurs mariages et de leurs fêtes.

Les fruits huileux ou émulsifs sont les cocos, les noix d'acajou et les pistaches. Les fruits aqueux sont le melon, la pastèque dont l'emploi n'est pas sans danger et la mangue, le fruit le plus savoureux de l'Inde.

Les légumes d'Europe viennent pour la plupart à Pondichéry, mais il faut chaque année faire venir d'Europe de nouvelles graines, à cause de l'abâtardissement des espèces. Les meilleurs légumes du pays sont le *pipangaie* au goût musqué et le *mouronguier* qui rappelle le petit pois. La salade la plus estimée est celle du chou de palmier ou du cocotier.

Les condiments, si utiles dans les pays chauds, sont le poivre, la moutarde, le curcuma, le gingembre, la cannelle, le fenouil, la coriandre et le piment. La plupart de ces substances entrent dans la composition des kariks.

Parmi les poissons indigènes les plus goutés, citons la pample blanche, le poisson madame.

Les espèces européennes, soles, turbot, carpes, perches, se trouvent sur le marché de Pondichéry.

La statistique agricole arrêtée au 31 décembre 1879 nous fournit les chiffres suivants:

Sur une surface totale de 50,803 hectares 70 ares 38 centiares, 16,249 hectares sont consacrés à la culture du riz ; 16,797 hectares à celle des menus grains ; 384 hectares à celle des plantes potagères, 52 hectares à celle du bétel, 3 hectares à celle du tabac, 505 kectares à celle de l'indigo, 5 à celle de la canne à sucre, 14 à celle du coton, 6,000 à celle des arbres fruitiers. Les autres parties attenant aux habitations sont des terrains vagues ou incultes ou dépendant du domaine public.

Il y a dans la colonie 69 chevaux, 42,469 bœufs, 12,484 buffles, 22,648 moutons, 10,536 boucs et chèvres, 1,246 porcs et 345 ânes.

A Karikal et à Yanaon on' ne compte pas un seul cheval; Mahé possède une paire de chevaux et Pondichéry compte 63 de ces animaux.

Industrie, commerce. — Les principales industries de Pondichéry sont la filature, le tissage et la teinture des étoffes de coton connues sous le nom de *guinées*, la fabrication des huiles, les tanneries. C'est en 1828 que se produisit la première idée de la filature à mécanique. Grâce aux efforts réunis de son habile fondateur, notre zélé collègue M. Charles Poulain, et du gouvernement qui a fourni de larges subsides, cette industrie devint bientôt prospère.

Il existe aujourd'hui 3 filatures aux environs de Pondichéry. La plus importante, appelée *Savana*, est dirigée par M. Cornet ; elle a 160 métiers à tisser, 15,840 broches et 2,000 ouvriers ; elle fabrique plus de 1,200 kilogrammes de fil par jour.

La filature Lou-Vingadashchetty emploie 4,400 broches et 260 ouvriers ; les produits s'élèvent à 350 kilogrammes de fil par jour. Enfin la troisième de ces filatures, appartenant à M. Goubalouchetty, fabrique, avec 5,000 broches et 150 ouvriers, 250 kilogrammes de fil par jour. Ces produits servent aux toiles de guinées.

Le tissage natif a éprouvé pendant quelques années une véritable décadence ; les ressources consistent aujourd'hui dans les mousselines, les guinées, etc. On compte sur le territoire de Pondichéry près de 4,000 métiers de tisserands.

Les sources du territoire fournissent des eaux excellentes pour les teintures ; les pays environnants envoient des toiles blanches à nos 73 teintureries, qui teignent annuellement 400,000 pièces de toile de 16 mètres sur 1 mètre de large.

On fabrique à Karikal les mêmes étoffes qu'à Pondichéry, mais en moins grande quantité. La ville de Karikal possède des chantiers pour la construction des bateaux ; il en sort chaque année, une notable quantité de grandes et petites embarcations.

A Chandernagor, Mahé et Yanaon, l'industrie des tisserands était plus prospère autrefois qu'aujourd'hui ; sa décadence est principalement due aux droits de sortie élevés, imposés par les Anglais, sur les matières premières nécessaires à cette industrie et qu'il faut tirer de leur territoire.

Pondichéry possède une chambre de commerce composée de 14 membres élus, dont neuf Européens et 5 Indiens. Les attributions de la chambre sont purement consultatives.

Les maisons de commerce européennes à Pondichéry sont au nombre de 7 ; les maisons dirigées par des natifs sont au nombre de 29.

La Banque de l'Indo-Chine a une succursale dans le chef-lieu de nos établissements dans l'Inde.

On compte encore un commissaire-priseur, 2 magasins de fourniture pour les navires, 10 magasins de modes et nouveautés, et 4 hôtels, dont un dirigé par un natif.

Chandernagor n'a ni commerce ni industrie.

Karikal compte un négociant européen, 6 armateurs natifs, 9 marchands natifs expéditeurs, 15 marchands natifs commissionnaires et courtiers, et 2 magasins de détail

A Mahé, nous trouvons un seul négociant européen ; à Yanaon pas de commerce.

Si nous interrogeons la statistique commerciale, nous voyons que la valeur des marchandises importées en 1879 a été de 5,595,400 fr. 70, et celle des marchandises exportées de 10,788,020 fr. 40.

Les mesures en usage sont les suivantes :

Mesures linéaires : Le *kâdom* ou 150,000 mètres.

Le *naji* ou 2,000 mètres

Le mètre et ses multiples et divisions.

Mesures employées pour les étoffes : Le *yard* anglais, l'aune française et le mètre.

Mesures agraires : Le petit *kâni* ou 5351 mètres carrés.

Le petit *couji* ou 53 m. 51 cent. carrés.

Le *bigah* ou 13 ares 57 centiares.

Le *candi* ou 2 hectares 14 ares 13 centiares.

L'hectare, l'are et le centiare.

Mesures de capacité : Pour les grains, le *kalom* ou 48 litres, le *vellon* ou 10 litres, le *marecal* ou 4 litres, le *pady* ou litre, le *magany* ou 125 millilitres.

Pour la chaux, le *parah* ou 70 litres.

Pour les liquides, la velte ou 7 litres 1|2, le galon ou 4 litres, le pot ou litre, le 1|2 pot ou 50 centilitres, le drachme ou 10 centilitres, le 1|2 drachme ou 5 centilitres.

Les autres poids sont : le *palom* ou 35 grammes 710 millig., les 7 paloms ou demi-livre de 250 grammes, la *touque* de 50 paloms, le *candi* français de 240 kilogrammes, le *candy* anglais de 227 kilogrammes.

La seule monnaie ayant cours légal dans la colonie est la roupie, dont le cours est fixé par le gouvernement à 2 fr. 40. Elle se divise en 8 fanons ou 16 annas, le fanon en 24 caches.

Les monnaies autres que la roupie et ses subdvisions sont vendues au poids et suivant le cours du change.

Vous le voyez, Messieurs, il ne nous reste que bien peu de chose de notre magnifique empire de l'Inde, et nos établissements de la côte de Malabar et de celle de Coromandel ont plutôt un intérêt historique qu'une véritable importance économique. Ce n'est pas en vain cependant qu'on évoque les grands noms des Martin, des La Bourdonnaye, des Dupleix, des Suffren. Ce que ces hommes de génie ont tenté de faire dans l'Inde Cisgangétique, nous pouvons le réaliser dans la presqu'île Indo-chinoise, et il suffit de nous inspirer de leur hardiesse et de leur patriotisme pour asseoir définitivement notre puissance coloniale sur les mers du golfe de Siam et de la mer de Chine. Les Garnier et les Dupuis nous ont frayé la voie, nous n'avons qu'à vouloir et qu'à oser.

IMP. GÉN. DE L'OUEST, PARIS, 103, RUE MONTMARTRE

Sous presse :

Les Peuplades sauvages de la presqu'ile de Malaka, de Sumatra et de la Malaisie et voyage a Johore et dans les Etats de Menangkabaw, par M. l'abbé Favre, *traduit de l'Anglais* par Eugène Gibert, *Secrétaire de la Société Académique Indo-Chinoise.* Un vol. in-12. Imprimerie Nationale. (Avec Caractères Malais.)

PARIS. — IMPRIMERIE CHAIX, RUE BERGÈRE, 20. — 10868-1.